誘発線描画法実施マニュアル

寺沢英理子・伊集院清一

遠見書房

はじめに

　本書は，伊集院清一と寺沢英理子が開発した「誘発線描画法」の実施マニュアルです。この技法の詳細と技法を適用したサイコセラピーの事例について，今まで，芸術療法学会や心理臨床学会で事例報告や論文発表を行ってきましたが，関心を持っていただいた臨床家の方から「描画用紙を入手したい」，「実施手順をもう少し詳しく知りたい」といったリクエストをいただくようになりました。

　そこで，頒布を想定した誘発線描画法の用紙を作るとともに，その基本的な実施方法に関するマニュアルを提供することにしました。というのは，絵画療法を初めて行う臨床家が何をどうすればよいのか分からず困っている，という話をよく耳にするからです。身近に芸術療法の師がいる恵まれた人は，そう多くないのが現状だと思います。

　しかし，マニュアルを提供するのは，あくまでも臨床場面での一つのやり方を示すことに他なりません。絵画療法の技法は，臨床の場に応じて，またクライエント一人一人

に応じて，セラピストによって見直され，工夫され，進化していくべきものです。本マニュアルで示した実施方法を参考にしながら，クライエント一人一人にオーダーメードのセラピーを提供していってほしいと願っています。

それによってバリエーションが生じたとしても，同じ用紙を用い，サイコセラピーという枠組みのなかで行われたものであるならば，得られた知見を臨床の知として蓄積し，臨床家の共有財産として活用することは十分できるでしょう。

本マニュアルを出発点として，たくさんの優れた発展が生まれることを期待します。

誘発線描画法について詳述した著作としては，『絵画療法の実践——事例を通してみる橋渡し機能』（寺沢英理子著，遠見書房）があります。本マニュアルでは，実施手順の記述に重点を置いて記しましたので，実施に至るまでの準備やセラピーの流れの中での位置づけ等の詳細を知りたい読者は，同書を参照してください。

なお，本書は独立したマニュアルとして執筆しておりますので，事前に上記書を読むことが必須ではありません。

目　　　次

はじめに　3

1．誘発線描画法の概要………7

2．誘発線描画法の導入………11

3．誘発線描画法実施時の準備………12

〈準備品〉　12

4．誘発線描画法の実施手順………14

4-1　描画セッション（1回目）　14／4-2　再構成セッション（1回目）　20／4-3　描画セッション（2回目）　25／4-4　再構成セッション（2回目）　26

5．実例の紹介………28

5-1　実例1　28／5-2　実例2　28／5-3　実例3　29／5-4　実例4　29

付録1　誘発線描画法が生まれるまで………38
付録2　誘発線描画法の導入事例………43

6 ◇ 目　　　次

参考文献………60
ご案内　誘発線描画法の描画用紙の入手方法………62

図1　並列型誘発線法図版…8 ／図2　ワルテッグ誘発線法図版…8 ／図3　並列型誘発線法を先に用いる場合のセッションの流れ…9 ／図4　ワルテッグ誘発線法を先に用いる場合のセッションの流れ…10 ／図5　描画セッションで描き上げられた作品の例…19 ／図6　再構成セッションで作られた作品の例…24 ／図7　再構成セッションで作られた作品の裏側の例…25 ／図8　誘発線描画法によって作品ができあがるまでの流れ…26-27 ／図9a　実例1：並列型誘発線法による描画…30 ／図9b　実例1：並列型誘発線法による描画の再構成…30 ／図9c　実例1：ワルテッグ誘発線法による描画…31 ／図9d　実例1：ワルテッグ誘発線法による描画の再構成…31 ／図10a　実例2：並列型誘発線法による描画…32 ／図10b　実例2：並列型誘発線法による描画の再構成…32 ／図10c　実例2：ワルテッグ誘発線法による描画…33 ／図10d　実例2：ワルテッグ誘発線法による描画の再構成…33 ／図11a　実例3：ワルテッグ誘発線法による描画…34 ／図11b　実例3：ワルテッグ誘発線法による描画の再構成…34 ／図11c　実例3：並列型誘発線法による描画…35 ／図11d　実例3：並列型誘発線法による描画の再構成…35 ／図12a　実例4：並列型誘発線法による描画…36 ／図12b　実例4：並列型誘発線法による描画の再構成…36 ／図12c　実例4：ワルテッグ誘発線法による描画…37 ／図12d　実例4：ワルテッグ誘発線法による描画の再構成…37 ／図13　後藤多樹子・中井久夫の誘発線法（パターン1）…39 ／図14　後藤多樹子・中井久夫の誘発線法（パターン2）…39 ／図15　伊集院清一の拡大誘発線法…39 ／図16　ワルテッグテスト（Wartegg-Zeichen-Test）…40 ／図17　寺沢・伊集院の並列型誘発線法…41 ／図18　寺沢・伊集院のワルテッグ誘発線法…41 ／図19-1…47 ／図19-2…48 ／図19-3…49 ／図19-4…50 ／図19-5…51 ／図19-6…51 ／図19-7…52 ／図19-8…53 ／図19-9…54 ／図19-10…54 ／図19-11…55

1．誘発線描画法の概要

　誘発線描画法は，後藤多樹子・中井久夫の「誘発線法」を土台にして伊集院清一が考案した「拡大誘発線法」と，ドイツの Ehrig Wartegg が開発した「ワルテッグテスト」（Wartegg-Zeichen-Test）とを，一部改変して統合し，さらに再構成のセッションを追加して作り上げた絵画療法の技法である（技法完成までの歴史については，付録を参照されたい）。

　本技法は，8つのマス目（4cm × 4cm）にさまざまな誘発線が描かれている用紙（図1および図2）に，クライエントが自由に描き足しを行って描画を完成させるセッション（以下，「描画セッション」と呼ぶ）と，完成された描画をマス目ごとに切り離して別の用紙に自由に貼り付け，さらに描き足しを行って新たな描画を作り上げるセッション（以下，「再構成セッション」と呼ぶ）から構成される。誘発線が描かれた用紙は2種類あり，そのそれぞれについて描画セッションと再構成セッションを行うので，

8 ◇ 1．誘発線描画法の概要

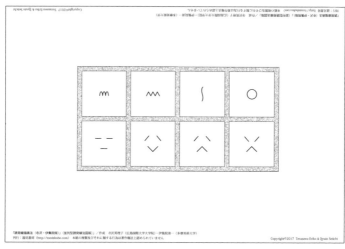

図1　並列型誘発線法図版（正位置）

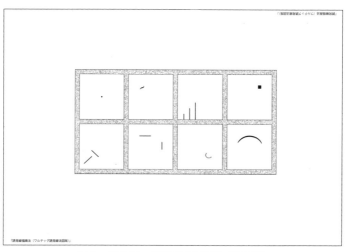

図2　ワルテッグ誘発線法図版（正位置）

1．誘発線描画法の概要　◇　9

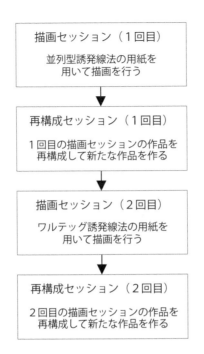

描画セッションと再構成セッションを交互に行う。
4回のセッションが1単位となる。

図3　並列型誘発線法を先に用いる場合のセッションの流れ

計4回のセッションが1単位となる（図3および図4）。

　描画セッションでは，マス目内に描かれている誘発線が誘発刺激となり，クライエントの連想を引き出すので，投映法的な側面が強い。また，再構成セッションでは，描画セッションで描かれた8つの絵を一つの作品に統合してい

1. 誘発線描画法の概要

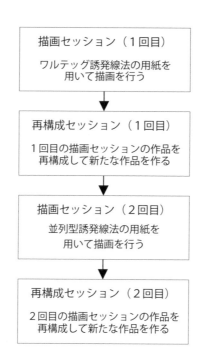

描画セッションと再構成セッションを交互に行う。
4回のセッションが1単位となる。

図4　ワルテッグ誘発線法を先に用いる場合のセッションの流れ

くので，構成法的側面が強い。投映法的側面と構成法的側面の両方が含まれている技法といえる。なお，子どもへの施行の可否についてはセラピストの判断に任せたい。このマニュアル通りに行うなら小学生以上が無難と考えるが，簡易法を工夫する手もあるかもしれない。

2．誘発線描画法の導入

　そもそもどういう場合に絵画療法を導入するのかという問題があるであろう。しかし，それは「はじめに」で紹介した著書に譲る。次に，絵画療法を実施していくなかで，どういう場合に誘発線描画法を導入するのかという問題があるであろう。これに関しても，詳細は同書に譲るが，このクライエントには難しいのではないかとセラピストが思っていても，クライエント自身はこの技法を好むことが多いということを記しておく。

　誘発線描画法では４回のセッションが１単位となるので，週１回のサイコセラピーを基本とすると，４週間で１クールとなる。しかし，実際の臨床場面では，途中に話しの回が挟まれたりすることもあるので，４週間で１クールになるとは限らないであろう。とにかく４回のセッションが最低必要になる。時には，１回では絵が仕上がらず，次回に続きを行うこともあるので，４回に収まらないケースも出てくる。

3. 誘発線描画法実施時の準備

　誘発線描画法も絵画療法（描画療法）の一種であるから，絵画療法を実施する際の基本的な準備が必要になる。他の絵画療法と違いがあるのは準備品で，特に，本技法固有の描画用紙をあらかじめ準備しておかなければならない。

〈準備品〉

①誘発線描画法の描画用紙2種（並列型誘発線法図版およびワルテッグ誘発線法図版）各1枚（図1および図2）

　☆用紙の入手方法については巻末を参照のこと。

②A4画用紙2枚

③A4コピー紙4枚

④画板

⑤サインペン（筆者はマッキーの細・極細を使用）

⑥色鉛筆

⑦クレヨン

⑧はさみ（先の丸いもの）

⑨スティックのり（乾きやすいものもあるので注意）

⑩セロテープ

⑪ボールペン

⑫鉛筆削り

⑬ウェットティッシュ

☆A4サイズを使用する理由については2013年の文献「誘発線技法の心理療法への適用― Wartegg-Zeichen-Test の改変を紹介しつつ」を参照。筆者は他の技法の際にもA4の画用紙を用いることが多い。これは，絵を描く上で小さ過ぎず，保管にも便利な大きさだからである。用意できた画用紙がA4より少し大きめだった場合は，事前に画用紙をA4の大きさにカットしておく。A4より少し小さめだった場合は，そのまま用いる。後者の場合の留意点は実施手順の説明の中で述べる。

☆色鉛筆およびクレヨンを何色分用意するかは，臨床の場やクライエントの病態および状態によっても変わってくるので，よく検討してほしい。より詳しい説明は，『絵画療法の実践―事例を通してみる橋渡し機能』28頁を参照。

☆画版はA4サイズより少し大きめな厚紙を使用しても構わないが，手作りするセラピストもいる。画版の意味については，『絵画療法の実践―事例を通してみる橋渡し機能』28頁を参照。

4．誘発線描画法の実施手順

4-1　描画セッション（1回目）

☆セラピーを行う際には，机の上にはできるだけ不必要なものを置かない方がよい。開始時点では，いつも同じ状況にしておく（時計やティッシュペーパーなどはあるが，机の中央部分には何も置かない）。絵画療法を実施する場合は，まず画版をクライエントの前に置くことから始める。

① 2種類の誘発線描画法用紙の提示と教示

　2種類の用紙をクライエントに正位置で提示しながら，「それぞれの枠の中に線や図形が描かれています。それらを使って（もとにして）思いつくものを描いてください」と教示を行う。

☆もっと説明が必要な場合には，「どちらも，小さな四角が8つあります。それぞれに何か模様が描かれていますので，それらを使って思いつくものを描いてくださ

い」とか，さらに少しファシリテートする必要がある
ときは，「8つ描いていただきますが，一つ一つは小さ
な空間ですね」などとつけ加えることもある。

☆「用紙を回していいですか？」と聞かれた場合は，「ご
自由にお使い下さい」と伝える。しかし，こちらから
回転を促すことはしない。

②1回目のセッションで用いる用紙の選択

　最初のセッションでは，並列型誘発線法とワルテッグ誘
発線法の用紙を見比べてもらい，クライエントがとりかか
りやすいと思う方を選んでもらう。

③選択された用紙の移動

　選択された用紙をクライエントが取り組みやすそうな位
置に動かす。もう一方の用紙は伏せるかしまう（他の刺激
が今取り組む作業を邪魔しないようにするため）。

④ペンを渡す

　極細のサインペンの蓋をとって，クライエントの利き手
がわに渡す（ペン先がセラピストの方を向くように）。

⑤描画の見守り

　クライエントの描画を見守る。描いた順番や描画時のク

ライエントの様子などを記憶に留めておくことは大切である。また，クライエントの描画を見ながらセラピストが感じたことなども意識しておきたい。すべてを記憶にとどめることが難しくメモをとる場合には，クライエントの邪魔にならないように，しかしクライエントから隠して書くのではなく，クライエントにメモを取っていることが分かるように書いた方がよい。クライエントの描画の順番やクライエントの描画線の順番など，つまりクライエントが非言語的に表現しているものをセラピストが言語表現に変換しているという感覚でメモをするのがよいと思う。

⑥作品の受け取りと彩色への誘い

　クライエントが描き終わったら，「できましたか」というように作品を受け取り眺める。クライエントと共視できるような位置で作品を持って，眺めるのがよいように思う。ここでは，多くを語る必要はなく，クライエントの作品（こころ）を受け取ることに意味がある。続いて，「では，色をつけてみましょうか」といいながら，作品をクライエントの前に戻し，色鉛筆をクライエントの利き手がわに蓋を開けて差し出す。一つ一つの絵が小さいのでクレヨンを使う人は稀であるが，臨機応変にクレヨンを提供してもよい。

⑦彩色された作品の受け取り，鑑賞と対話，タイトル付け

彩色が終わったら，再び作品を受け取り，クライエント
と共視できるように作品を配置して，鑑賞しながら対話す
る（PDI：Post Drawing Interview / PDD：Post Drawing
Dialogue）。時に，鑑賞と対話の場面でクライエントが描
画への付け加えを希望することがあるが，その場合も付け
加えを許可してよいであろう。その状況を記録しておくこ
とは言うまでもない。

　　☆言語化できる場合，言語化してもらってよい場合には
　　　作品の説明をしてもらう。言語化できない場合や言語
　　　化しない方が良い場合には，2人で黙って味わう。

　セラピストからの質問も行う。この時，セラピストが決
めつけたような言葉を投げかけないよう十分に注意する。
最後に，8つそれぞれにタイトルが付けられるようならば，
タイトルをつけてもらう。

⑧タイトルと日付と名前の記入

　タイトルは，上段の4つの作品に関しては作品の上方に，
下段の4つの作品に関しては作品の下方に書いてもらう。
また，用紙の右下に日付と名前を書いてもらう。

　　☆これらはボールペンで書いてもらうほうがよい。サ
　　　インペンだと，インクが表側に染み出す恐れがあるから
　　　である。日付は「2018年7月10日」のように，西暦
　　　の方が後々の整理が楽である。日付と名前を書く位置

はセラピストそれぞれの考えで決めてよいが，自分の
なかでは統一しておいたほうが，後々の整理が楽にな
る。しかし，クライエントに独自のこだわりがあって，
指示した位置に書かない場合もある。

⑨作品に関するメモと作品ナンバーの記入

　セラピストが「こうでしたね」と自然に確認しつつ，余
白部分に大事なことをメモする（8つの作品全てにメモす
ることもあるし，一部の作品のみメモすることもある）。
最後に，作品ナンバーを日付の上あたりに書きとめる。

　　☆作品ナンバーとは，すべての絵画療法作品の通し番号
　　で，セラピストが付番する（No.1，No.2……と続く）。
　　8つの作品の識別番号や描画順番ではないので，混同
　　しないこと（図8参照）。

⑩その他

　8つの作品から，一番好きなものと一番嫌いなものを
選んでもらうこともある。その際は，好きなものを先に
言ったときは「① ML（Most Liked）」「② MDL（Most
Disliked）」，嫌いなものを先に言ったときは「① MDL」「②
ML」と，それぞれの作品のところにメモする。

⑪作品へのカバーと次回の予告

　「お疲れ様でした。次回は，これを用いて続きをします」

4．誘発線描画法の実施手順 ◇ 19

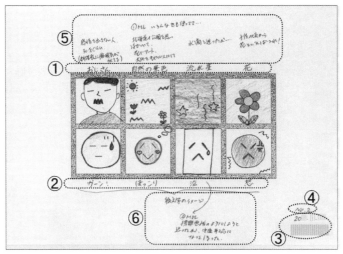

図5 描画セッションで描き上げられた作品の例
並列型誘発線法を用いた作品の例。描画セッション終了時の状態。
①② 8つの描画にクライエントがつけたタイトル。
③日付とクライエントの氏名，④作品番号（セラピストが付番，記入）。
⑤⑥セラピストが記入したメモ。クライエントは「自然の景色」を ML (Most Liked) に選び，次に「泣」を MDL(Most Disliked) に選んだ。

と楽しみにしてもらえるような雰囲気で終われるとよい。その際，作品に白紙の A4 コピー紙を載せて，作品が汚れないようにする。この段階ではセロテープで止めない。

　☆セラピストは，次の再構成セッションまでに描画セッションの作品のカラーコピーを取っておく。フルカラーで写真モードとし，濃度を最高にしてコピーをとると，色鉛筆でもほぼ色落ちなくコピーができる。それ

でも，色が薄いときは，コピーの上から色鉛筆で彩色しておくと良い。

☆用意した画用紙がA4より少し小さめだった場合は，1回目の作品の用紙（A4）の周辺部分を，その画用紙の大きさに合わせて切り外しておく。この場合，⑧〜⑩において，切り外される部分にクライエントの名前やセラピストのメモが書かれないよう注意する。

4-2　再構成セッション（1回目）

描画セッション（1回目）で描いた作品を用いた再構成法を実施する。

☆新しいA4画用紙1枚とA4コピー紙2枚を用意。

☆クライエントの前に画板を置く。

①再構成法の説明

クライエントの前に新しい画用紙を置く。セラピストの前に前回のセッションで描いた作品とそのカラーコピーを置く。「今日は，前回の8つの作品を使って，新しい画用紙の上に全く新しい作品を作っていただきます」

②作品の切り取り

前回の作品をクライエントの前に置き直し，作品の一カ所を示しながら「どこからでもいいのではさみを入れて，くるりと真ん中（8つの作品のかたまり）を切り取ってください。

そして，外側の部分を私にください」と，はさみを渡す。

> ☆グレーの枠の外側を切るのか内側を切るのかという質
> 問をされた場合には，「ご自由に」と伝える。多くのク
> ライエントは，枠の外側か内側を切るが，時に，グレ
> ーの枠の中央を切るクライエントもいる。

③外側の部分の受け取りと再構成の促し

　セラピストは切り取られた外側をうけとり，「それでは，
その8つの作品を用いて，新しい作品を作ってください」
「そのためには，まず8つを切り離したほうがいいと思い
ます」とクライエントの作業を促す。

④必要な道具の準備

　クライエントが8つのマス目を切り離している間に，「切
った8つのものを貼ることになりますね，のりとのり付け
の台です」と，のりとのり付けのためのA4コピー紙を画
板の横に置く。さらに，「あと，描き加えることは自由です」
と，サインペン，色鉛筆，クレヨンを使いやすいようにク
ライエントの手の届くところに配置する（この時，サイン
ペン以外は蓋をあける）。

> ☆8つの作品を全て使わないといけないかと問うクライエ
> ントに対しては，「できるだけ全部使ってほしいですが，
> どうしても使えないものは残して結構です」と伝える。

22 ◇ 4．誘発線描画法の実施手順

⑤作品作りの見守りと外側の修復

　クライエントが進める作品作りを見守りながら，渡された外側のはさみが入っている個所を裏からセロテープで修復する（図8参照）。それをカラーコピーに重ねて置くと，机の上が煩雑にならない。なお，再構成の実施中カラーコピーがセラピストの前にあるので，クライエントがどのモチーフから使用していくかが分かる。

⑥切り離された外側部分と使用されなかった作品の貼り付け

　再構成された作品が完成したら，新しいA4コピー紙を用意し，作品を受け取って，A4コピー紙の上に裏返して置く。

　　☆作品はクライエントのこころとして大切に扱う必要があるので，こころが直接画板に触れないように配慮する。

　次に，裏返した作品の上（つまり，新しい作品の裏側）に，セロテープで切れ目を修復した外側の部分をセラピストがのりで貼る（この時，画用紙のサイズが描画用紙のサイズと一致していることが大切）。さらに，再構成時に用いられなかった作品があれば，セラピストが同様に新しい作品の裏側に貼り戻す。この時，描画セッションで描かれた元々の位置に貼り戻すこと（図8を参照）。貼り戻された作品が多い場合には，新しい作品の両面にカバーを付けることもある。

　　☆再構成の際に，切り離された描画の枠部分をクライエントがさらに切り離す場合もある。切り離された枠は，

別の位置に貼られて活用されることもあれば，クライエントの手元に残されることもある。クライエントの手元に枠が残った場合は，最後にセラピストが回収し，裏に貼り戻すかをクライエントに確認する。多くの場合，残った枠は「いらない」と言われるが，その場合でもクライエントの前で処分することは控える。

⑦作品の鑑賞と対話，タイトル付け

　作品をクライエントとセラピストで共視できるように配置して，鑑賞しながら対話する。

　　☆言語化できる場合，言語化してもらってよい場合には作品の説明をしてもらう。言語化できない場合や言語化しない方が良い場合には，二人で黙って味わう。

　対話のなかで，タイトルが付くようなら，新しい作品のタイトルを付けてもらう。

⑧タイトルと日付の記入

　作品の裏側の空いている中央部分にタイトルと日付を記入してもらう。

⑨作品に関するメモと作品ナンバーの記入

　必要に応じて，作品裏側の中央部分の余白にセラピストがメモを記入する。また，今日の日付の上あたりに，新た

24　◇　4．誘発線描画法の実施手順

図6　再構成セッションで作られた作品の例

並列型誘発線描画法の用紙を用いて描かれた作品（図5に示したもの）を再構成した作品。「理想と現実」というタイトルが付けられた（図7参照）。元の作品の上段にあった4つの小片は枠いっぱいに切り取られて貼られたが，下段にあった4つの小片はもっぱら中心部分が切り取られて貼られた。

に付番した作品ナンバーを記入する。

⑩作品へのカバー

　最後に，作品にA4コピー紙を載せてカバーをし，1辺だけセロテープで止める。

　　☆再構成セッションで作られた作品の例を図6に示す。
　　　また，この作品の裏側を図7に示す。

　　☆描画セッションおよび再構成セッションを通して，ク

4. 誘発線描画法の実施手順 ◇ 25

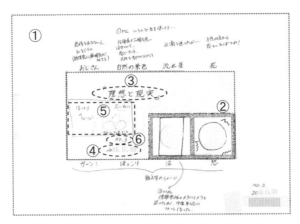

図7　再構成セッションで作られた作品の裏側の例

再構成セッションで作られた作品（図6に示したもの）の裏側。
①描画セッションで使った用紙の周りの部分（セラピストが貼り付けた）。
②再構成で一部しか使われなかった小片（セラピストが元の位置に貼り戻した）。
③④クライエントが記入した作品のタイトルと再構成を行った日付。
⑤⑥セラピストが記入したメモと新たに付番した作品番号。

　ライエントがどのように作品を作っていくかを図8に示す。なお，この図にはセラピストが行う作業も記載している。

4-3　描画セッション（2回目）

　1回目に選ばれなかった誘発線描画法の用紙を用いて，描画を行ってもらう。実施手順は 4-1 と同じである。

26 ◇ 4．誘発線描画法の実施手順

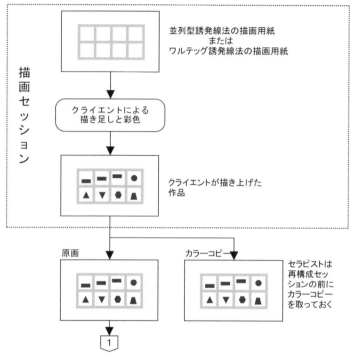

図8　誘発線描画法によって作品ができあがるまでの流れ

4-4　再構成セッション（2回目）

2回目の描画セッションで作られた作品を用いて，再構成法を行う。実施手順は 4-2 と同じである。

　　☆一度再構成の体験があるので，クライエントによっては，どのように再構成しようかとあらかじめ考えてくることがある。そして，「今日は考えてきました」と

4．誘発線描画法の実施手順　◇　27

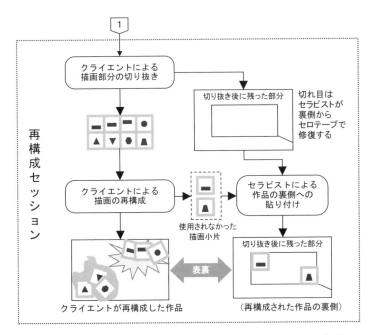

図8　誘発線描画法によって作品ができあがるまでの流れ（つづき）

言うこともある。このような時，セラピストは動揺する必要はない。「そうですか」と言いながら，クライエントの制作を見守ると良い。多くの場合，考えてきたものとは違う作品になる。これは，言語面接において，クライエントがあらかじめ話したいことを決めて来ても，たいていは考えてきたこととは違うことを話して帰ることになることと同様である。

5．実例の紹介

　以下では，4つの事例についてクライエントが作った作品を紹介する。

　なお，ここで紹介する事例は，すべて参考文献に記した単行本ないし論文で事例報告を行っているので，クライエントの主訴や家族歴や生活歴，セラピー全体の流れ，他の技法での描画などを知りたければ，参考文献を参照されたい。

5-1　実例1

　論文「共視体験に支えられて巣立っていった事例—大学卒業間近の問題解決」に記載した事例である。並列型誘発線法による描画→その再構成→ワルテッグ誘発線法による描画→その再構成と進行した（図9a～図9d）。

5-2　実例2

　『絵画療法の実践—事例を通してみる橋渡し機能』の第

8章第1節に記載した事例である。並列型誘発線法による描画→その再構成→ワルテッグ誘発線法による描画→その再構成と進行した（図10a〜図10d）。再構成セッションでは，描画に言葉を追加して右から左へと進む物語に仕立てている。なお，この事例については付録2として詳細を紹介している。

5-3　実例3

論文「復職支援における絵画療法の効用について─遁走様行動を繰り返した事例を提示して」に記載した事例である。ワルテッグ誘発線法による描画→その再構成→並列型誘発線法による描画→その再構成と進行した（図11a〜図11d）。再構成セッションでの描き足しが非常に少なかった事例である。

5-4　実例4

『絵画療法の実践─事例を通してみる橋渡し機能』の第8章第2節に記載した事例である。並列型誘発線法による描画→その再構成→ワルテッグ誘発線法による描画→その再構成と進行した（図12a〜図12d）。描画セッションで描き込みがない誘発線があったり，再構成セッションで使用されない描画があったりした事例である。

30 ◇ 5．実例の紹介

図 9a　実例 1：並列型誘発線法による描画

図 9b　実例 1：並列型誘発線法による描画の再構成
（クライエントが作品につけたタイトルは「久しぶりの帰宅」）

5. 実例の紹介　◇　31

図9c　実例1：ワルテッグ誘発線法による描画

図9d　実例1：ワルテッグ誘発線法による描画の再構成
（クライエントが作品につけたタイトルは「地球」）

32 ◇ 5．実例の紹介

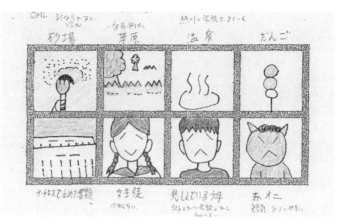

図 10a　実例 2：並列型誘発線法による描画

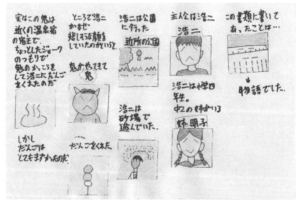

図 10b　実例 2：並列型誘発線法による描画の再構成
（このクライエントは再構成の際に描画の枠線を切り離した［図 10d でも同様］）

5．実例の紹介　◇　33

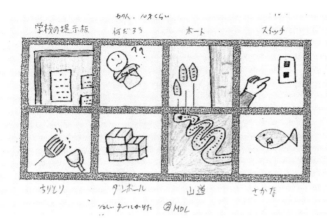

図 10c　実例 2：ワルテッグ誘発線法による描画

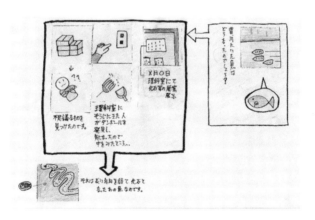

図 10d　実例 2：ワルテッグ誘発線法による描画の再構成

34　◇　5．実例の紹介

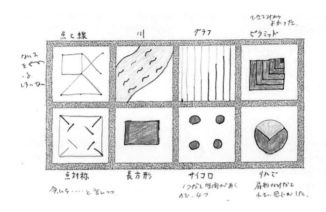

図11a　実例3：ワルテッグ誘発線法による描画

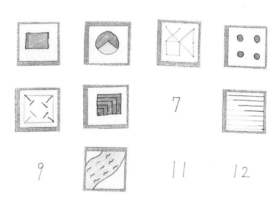

図11b　実例3：ワルテッグ誘発線法による描画の再構成

5．実例の紹介　◇　35

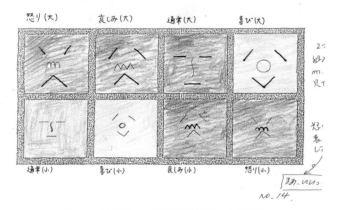

図 11c　実例 3：並列型誘発線法による描画

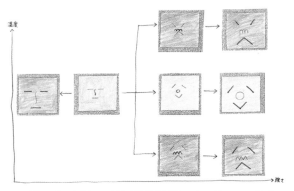

図 11d　実例 3：並列型誘発線法による描画の再構成

36 ◇ 5．実例の紹介

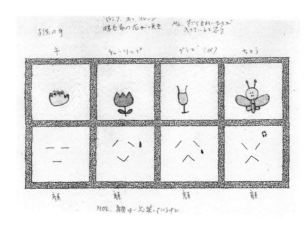

図12a　実例4：並列型誘発線法による描画
（下段左端の誘発線には描き足しが行われなかった）

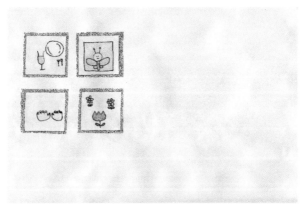

図12b　実例4：並列型誘発線法による描画の再構成
（クライエントが作品につけたタイトルは「庭・絵本・両手・レストラン」。
描画セッションで描かれた描画の内，上段の4枚だけを使用し，下段の4
枚は使用しなかった）

5．実例の紹介　◇　37

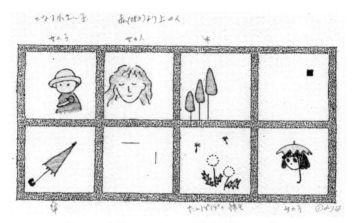

図12c　実例4：ワルテッグ誘発線法による描画
（上段右端の誘発線と下段中央左の誘発線には描き足しが行われなかった）

図12d　実例4：ワルテッグ誘発線法による描画の再構成
（クライエントが作品につけたタイトルは「公園」。描画セッションで描き足しを行わなかった描画は再構成セッションでも使用されなかった）

付録1　誘発線描画法が 生まれるまで

　1983 年，後藤多樹子・中井久夫は，「誘発線法」と呼ばれる絵画療法の技法を発表した。誘発線には２つのパターンがあり，後藤らはパターン１（図 13），中井らはパターン２（図 14）の誘発線を用いて研究を重ねた。

　1990 年，中井のもとに内地留学した伊集院清一は，誘発線法の刺激図形が人物の部分になることが多いことに注目して，さらに４つの人物刺激図形を加えた「拡大誘発線法」を考案した（図 15）。これは，中井のパターン２を人物部分刺激としてとらえ，目と口を暗示する３つの線からなる刺激図形と，喜び，悲しみ，怒りの表情を暗示する３種類の刺激図形とを追加したものである。こうして，中井が提示したパターン２の誘発線をベースに８つの誘発線が形作られた。

　一方，ワルテッグテスト（図 16）は，1939 年にドイ

5．実例の紹介　◇　39

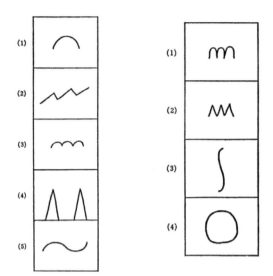

図13　後藤多樹子・中井久夫の誘発線法（パターン1）

図14　後藤多樹子・中井久夫の誘発線法（パターン2）

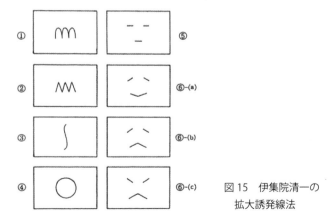

図15　伊集院清一の拡大誘発線法

40 ◇ 付録1　誘発線描画法が生まれるまで

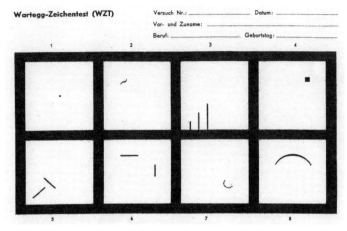

図16　ワルテッグテスト（Wartegg-Zeichen-Test）

ツの Ehrig Wartegg によって開発されたものであり，正式名称は「Wartegg-Zeichen-Test」である。A5 判の用紙に 4 cm 平方の黒い8つの枠があり，そのなかにはあるテーマを引き出す刺激図形が描かれている。被験者は，それぞれの刺激図形に触発されてその続きを描くというテストである。

　1995 年に，寺沢・伊集院は，伊集院によって8つの誘発線へと拡げられた「拡大誘発線法」を転用し，ワルテッグテストと同様の形状に配置して，これを「並列型誘発線法」（Simultaneous and Paralleled Elicitor Technique）と命名した（図17）。また，ワルテッグテストについても，いくつかの改変を加えて「ワルテッグ誘発線法」と呼ぶこ

付録1　誘発線描画法が生まれるまで　◇　41

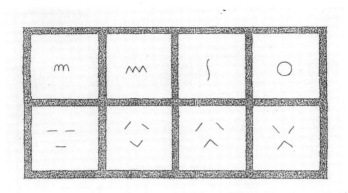

図17　寺沢・伊集院の並列型誘発線法

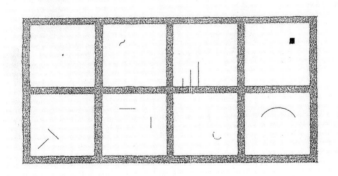

図18　寺沢・伊集院のワルテッグ誘発線法

とにした（図18）。この際の改変は，①黒枠をグレーに変更した，②名前の記入欄と番号を削除して用紙の上下の区別をなくした，③用紙をA4判にして周囲の余白を拡大した，の3点である。

さらに，寺沢・伊集院は，ワルテッグ誘発線法および並列型誘発線法における8つの空間がいろいろな自己を表現する「場」となっていることに注目し，そこに自己表現されたさまざまなものを一つの場面のなかに統合する過程を体験する新しい方法を開発した。この技法は，「ワルテッグ誘発線法および並列型誘発線法を用いた再構成法」，あるいはより簡潔に「再構成法」と呼ばれている。

本書では「誘発線描画法」という言葉を，並列型誘発線法およびワルテッグ誘発線法を用いた描画と，ワルテッグ誘発線法および並列型誘発線法を用いた再構成法の全体を指すものとして用いている。すなわち，並列型誘発線法（またはワルテッグ誘発線法）を用いた描画→再構成法による描画→ワルテッグ誘発線法（または並列型誘発線法）を用いた描画→再構成法による描画という一連のセッションの全体が「誘発線描画法」となる。

付録2　誘発線描画法の導入事例

　サイコセラピーに絵画療法を導入する場合のひとつに，「クライエントとセラピストの二者間の関係性が不安定な場合」がある。二者関係がうまく持てないクライエントは，セラピストとの関係を築くことにも苦労する。2人しかいない空間のなかでは緊張が高まり，不安になってしまうのである。このようなケースでは，セラピーの場に絵画表現を導入すると，それがクライエントとセラピストの間の媒介物となり，両者の関係性の安定化に寄与する場合がある。以下では，二者関係そのものが不安定であるクライエントに対して絵画療法を導入し，サイコセラピーの継続を可能にした事例を紹介する。技法としては，誘発線描画法に加えて，風景構成法や自由画が用いられている。

［クライエント］Ａさん：10代後半（高校2年生），女性
　［主訴］家のなかが大変。学校で悪口を言われている気がする。

［診断］統合失調症

［病態水準］psychotic level

［生活歴］Ａさんは２人同胞の第１子として出生。高校
　２年生である。母親は精神的にかなり不安定な人で，
　家庭はずっと落ち着かない雰囲気であった。母親の状
　態が一層悪くなったため，現在は母方祖母がＡさん一
　家の近くに住んでいる。

［来室までの経緯］Ａさんの祖母は，娘家族のことを心
　配するとともに，自分自身も心身のバランスを崩して
　精神科クリニックを受診していた。しばらくして，祖
　母はＡさんのことを心配して来院を促し，一緒に来院
　するようになった。そこで，Ａさんは医師から心理療
　法を受けるよう勧められた。

［アセスメント］

　Ａさんの外見は小学生か中学生のように幼い印象であ
る。実際に身体も小さい。母親の精神状態が悪く，家
の状況は日常生活も円滑に回らないような大変な様子
であるが，Ａさん自身は自分が育った環境しか知らな
いため，何を語ったらいいのか良く分からない印象で
あった。おどおどとした感じとともに，他者との距離
をうまく取れない様子が窺われた。病的な印象は否定
できないが，第一に環境調整が必要と判断した。同時

に，Ａさんとの面接を継続させることの重要性も実感された。病的な印象は遺伝負因も十分考えられたが，生育環境から来る影響もかなり大きいと思われた。

　当初は１週間に１回40分の対面法であったが，高校卒業後から月１回のペースとなった。

[面接経過]
《アセスメント　Ｘ年Ｙ月〜Ｘ年Ｙ＋１月》
　第１回目，家庭の状況と学校でのつらい体験を話す。母親はおそらく統合失調症の未治療に近い状態で，Ａさんは家で落ち着いて過ごすことができないでいる。母親は昼間はほとんど自室で寝ているが，夜になると何時間もの間一方的に喋りまくっていることが多いようであった。現在は，学校から帰宅すると，ほとんどの時間を近くに住む母方祖母の家で過ごし，食事も祖母に面倒をみてもらっている。中学生の弟は自室からほとんど出て来ることはなく，Ａさんは弟のことも病んでいるのではないかと心配している。Ａさんは，これらの不安について父親と話をしたいのだが，父親が帰宅すると母親が父親を独占してしまうので，なかなか話をすることができない状態であると言う。母親は別のクリニックに行ったことがあるが，なかなか治療が継続できないようで，服薬に関しても不明であった。

　このような家庭環境で育ってきたＡさんは，最近になっ

て学校で周りの人から悪口を言われているような気がして
つらいと感じるようになった。しかし，父親は母親の話を
聞くことで多くの時間をとられているので，このことについ
ても父親に相談することができないでいる。実際には，
祖母の家があるので何とか生活しているのだが，母親は子
どもたちが祖母の家に行くことを快く思わないため，祖母
宅での滞在時間が長くなると責められることもあり，いか
んともしがたい状況である。次回，父親と一緒に来室して
ほしい旨をＡさんに伝えて終わった。

　第２回目，父親と一緒に来室した。父親は学歴が高く高
度な専門職についているが，不慣れな場面に緊張したのか
挨拶をすることもままならない様子である。妻のことのみ
ならず，娘のことでも心を痛めて余裕がなくなってように
も感じられた。そのこともあってか，面接の間中，座って
いても落ち着かない印象であった。それでも，セラピスト
はＡさんと一緒に父親が来室したことにホッとしていた。
そのような状況で始まった面接であったが，Ａさんが話し
始めると父親は辛抱強く話を聴く姿勢を示し，Ａさんに治
療が必要なことと，家で父親と話す時間が必要であること
を理解した。

　父親は自分自身のことを一方的に話す場面などもあり，
少々変わり者のようではあったが，それでも，Ａさんにと
っては唯一のキーパーソンであることに違いなかった。Ａ

図 19-1

さん自身も，父親が一緒に来院してくれたことでとても嬉しそうであった。長年に渡り，母親を一人で支えてきている父親の大変さが随所に感じられる面接であった。

《絵画療法が中心の時期　X年Y＋2月～X年Y＋8月》
　第3回目（絵画療法1回目），母親は調子が悪く，意味が分からないことを大きな声で言っているとか，食事もしないし薬も飲まないと，かなり危機的な状態になっている母親の様子を語った。そして，Aさんは家での落ち着かなさを語りながらも，面接場面でも落ちつかないようであった。あたかも，他者と2人でいるという状況そのものが落ち着かないのではないかという印象であった。このようなAさんの状況を考慮して，セラピストと2人でいる空間に媒介物としての意味を持つ絵画療法を提案し，この回から開始した。1回目の風景構成法を実施した（図 19-1）。「農耕作」というタイトルを付けた。付加描画として，人が1

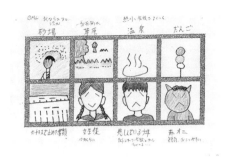

図 19-2

人描かれていた左側にもう1人追加され，それはＡさんと弟のようであった。山の手前に大きな石があるなど，まだまだ外の世界とうまくやっていくことは課題が多いようだが，田んぼが紙面の中心に描かれたり，田んぼが耕された跡や植物が見られることから，Ａさんの心も耕されつつあると感じられた。そして，絵画という媒介物を2人の間に登場させたことで，Ａさんはセラピストと一緒に過ごす空間に落ち着いていられるようになった。また，課題を与えられたことによって具体的に取り組む対象が明確になり，安心感を持てているようだった。

　第4回目（絵画療法2回目），並列型誘発線法を選択した（図 19-2）。

　かなり時間をかけて丁寧に描いた。彩色も楽しそうで，タイトルを付ける作業もスムーズに行われた。セラピストは，Ａさんがやっと落ち着いて心理療法の場にいることが

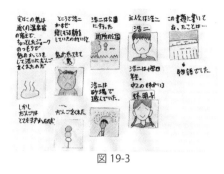

図 19-3

できていると実感した。この回、祖母の別荘に以前家族でよく行ったということが話された。さらに、最近、4日間くらい両親が旅行に行ってくれたので、静かに過ごせたことが報告された。弟とは同じゲームを楽しいと思うことで繋がっていることが分かった。だいぶ落ち着いていられるようにはなっているものの、やはり発語の最初に「あ・い〜」という音がついて言葉が出にくいようであった。言語表現は、スムーズな絵画表現とは対照的であった。

　第5回目（絵画療法3回目）、並列型誘発線法を用いた再構成法を実施した（図19-3）。初めから枠を切り離しながら「物語をつくるんですか」と質問した。作品が作られる過程を見ながら、セラピストは「Aさんもいつも与えられる食べ物がまずいのかな」という連想をしていた。作品を作った後、担任の先生の話をし、家のなかの様子についても話した。母親は一時よりよい状態であると話された。

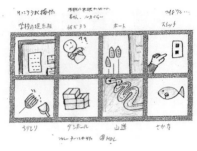

図 19-4

　母親はあちこちに電話をかけているが，夜中に一方的に話し続けて家族の安眠を脅かすことは減ったと報告された。Aさんの口調が少しずつ穏やかになってきている。

　第6回目（絵画療法4回目），ワルテッグ誘発線法を実施した（図 19-4）。クラスに馴染んできたと言いながらも，「皆の話に入っていけない。しゃべらない自分がどう思われているか」と心配そうに語った。人の話も，内容がぼやけてくるので集中して聞けないというが，このような話をセラピストにできるようになったことは変化であった。クラスメートとはまだ十分に繋がることができないでいるが，セラピストとは繋がり始めていることが窺われた。

　第7回目（絵画療法5回目），ワルテッグ誘発線法を用いた再構成法を実施した（図 19-5）。枠を外しながら「（枠の）なかとかも自由に切っていいんですか」と質問した。Aさんの柔軟性を感じる場面であった。学校の話でも，友

付録2　誘発線描画法の導入事例　◇　51

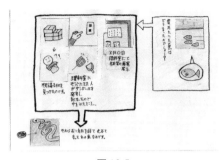

図 19-5

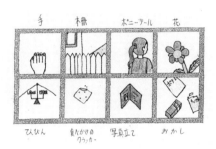

図 19-6

だちと話すとき，相変わらず言葉は出にくいが以前よりはよくなっていると，嬉しそうに語った。

　第8回目（絵画療法6回目），並列型誘発線法を実施した（図19-6）。近況について，「結構いい！」と報告された。

　第9回目（絵画療法7回目），並列型誘発線法を用いた再構成法を実施した（図19-7）。この回，Aさんは，「好きなことは歴史」と明確に言いながらも，父親から勧められている進路との間で迷いが生じていることが報告され

52　◇　付録2　誘発線描画法の導入事例

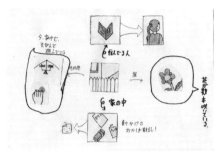

図 19-7

た。

　第10回目，母親は不安定だが，Aさん自身としては去年の今ごろよりは調子がいいと語り，学校でも落ち着いてきたことが報告された。一応，夏休みまではこのペースで面接を続け，それ以降は受験もあるので間隔については再度考えるということで同意した。第11回目，文化際に向けて，部活の仲間と話し合ったりしている様子を楽しそうに話した。また，初めて，小学校高学年の担任との関係が語られた。「先生は信用できない人で，それから，クラスもひどく荒れた。気がついたら，話す前にあれこれ考えるようになってしまっていた」と。Aさんは，この先生との間で傷ついたことが，他者不信の一つの根拠と考えているようだった。

　第12回目（絵画療法8回目），夏休みということもあって，少しボーッとした印象であったが，「絵を描きたい」

図 19-8

と自ら希望した。初めて自由画が描かれた（図 19-8）。セラピストに枠をつけるよう依頼し，縦に用紙を用いた。「諸葛孔明」とタイトルを付けた。Ａさんには馴染みのテーマで，自分の大切な世界を表現してセラピストに見せてくれたような印象が強かった。進路に関する迷いはあるものの，夏休みの最後にもう一度絵を描いて，毎週行う構造の心理療法には区切りを付けることになった。

　第 13 回目，（絵画療法 9 回目），2 回目の風景構成法（図 19-9）で，「トンネル」というタイトルが付けられ，新しい世界に赴く反面，不安な印象を与えるものでもあった。このとき，両親が勝手に自分の進路を決めていくと，不安と同時に不満を語った。絵画に現れたヒヨコの存在は，Ａさんが母親から自立しヨチヨチと自分の足で歩きだしたこ

図 19-9

図 19-10

とを意味しているのかもしれない。

《Ａさんの自発性を見守った時期　Ｘ年Ｙ＋９月〜Ｘ＋３年Ｙ＋２月》

　高校を卒業するまでは，２カ月に１度くらいのペースで来室した。高校卒業後は予備校に通うことになり，Ａさんの希望で月１回程度の来室となった。

　第 19 回目（絵画療法 10 回目），予備校に通い出して２カ月後に絵を描いた。３回目の風景構成法（図 19-10）は

付録２　誘発線描画法の導入事例　◇　55

図 19-11

木を１本描いたあと、用紙を90度回転して描かれた。前２回の風景構成法には多く見られたツイン画は花以外のアイテムには見られなかった。一部が俯瞰図になっているような視点の乱れはあるが、彩色は明るい。さらに、描画開始時の位置に戻してみると、左右の繋がりがないことなどから、セラピストは何か大きく変化するような予感を覚えた。タイトルは「川とその風景」と付けられた。その後、月１回の面接を続けながら、無事大学に合格した。

　大学に入学したこともあって、大学の保健管理センターを利用できることを伝え、慣れるまで月１回の面接を続けることにした。大学生活をサポートするような面接が続いた。

　第30回目（絵画療法11回目）、夏休みに最後の絵画療法を実施した。４回目の風景構成法（図19-11）は「農作業」というタイトルが付けられた。２枚目の風景構成法で畑を

耕している人の足と鍬が描かれていたが，今回はこの人物が全身像となっている。中央にあったトンネルも再度描かれているが，今回は右上に移動し，むしろ隠すことができるようになったようで，自我境界の観点から成長の兆しとも考えられる。描画全体としては，まだ十分にバランスがよくなったとは言えないが，トンネルを越えて外界と繋がっていく可能性はあるように思われた。

　夏休みの終りころから，Ａさんは絵を習い始めた。月2回の絵画教室は表現の場を心理療法から普通の生活のなかに移していくかのようにも感じられた。秋には，学園祭の準備も楽しそうにしていた。「家族は相変わらずだが，自分自身のマイナス思考には気分転換で対処している」と語るようになった。また，「自分の気持ちが言えないのは，小さいころに母親が高圧的だったことと関係があるかもしれない」と，Ａさんなりに洞察を深めている様子も窺われた。大学生活も1年が過ぎキャンパスにいることに慣れてきた。4月からは大学の保健管理センターに相談に行くことを希望し，心理療法は終結となった。

[考察]
　Ａさんの育った環境は「落ち着かない」という一語につきるものであった。母親が高圧的にかつ一方的に常にぶつぶつと大声で喋っている家庭のなかで，Ａさんは自分の言

いたいことも言えず，他者と繋がる体験も乏しかったので
あろう。本来であれば，一番先に橋を架ける相手となる母
親自身が，他者と橋を架けられない人であった。Ａさんに
とって，このことは大きなハンディであったと考えられる。
また，身体が小さいことから，身体面や食事という世話も
十分ではなかった可能性が窺われる。来室当初は，何か助
けを求めてもいたのであろうが，セラピストと２人でいる
ことも時にはつらい印象をもたらした。段々と落ち着かな
くなって，もじもじし始めることもしばしばであった。母
親とも橋が架けられず，親密な関係を体験したことがない
ということを裏付けているようであった。

　このような状況下で，絵画療法を導入できたことによっ
て関係は安定した。Ａさんは，セラピストの存在に圧倒さ
れることなく，目の前にある課題に取り組む気楽さを味わ
えたと考えられる。同時に，この課題はＡさんの自己表現
の手段ともなったことは，二重の意味で幸いであった。こ
こでも，絵画表現の「橋渡し機能」が働いたと考えられる。
まずは，最初の外界として，セラピストと橋を架け，次第
にクラスメートや学友たちへと遠くまで橋を架けることが
できるようになった。ついには，Ａさんが生活をしている
日常の外界と繋がり始めたのである。単純に繋がれたこと
だけではなく，Ａさんはセラピストとの空間で描いた絵の
なかに自分の問題を表現して残し，外界に対しては大きな

問題を見せずに繋がれたことが，重要な橋渡し機能である。

　まず，風景構成法だけを取り出して事例をみてみると，最初から，心を耕したいＡさんの内面は表現されていたが，一連の心の作業のなかで，通らなければならない部分が浮き彫りにされてきたように思う。視覚的には，トンネルの出現や川で分断された２つの世界という描画で表された。風景構成法の合間に再構成法を実施しているが，ここでは，カテゴライズやストーリー化など，知性化が活発に用いられている。また，再構成法の際にはＡさんの柔軟性もところどころで発揮された。重い病理を抱えつつも，知的な高さがＡさんを支える重要な資質であることが窺われた。その後で自由画を描いたことも意味深い。自発性を取り戻していくことの具現化と考えられる。これは，自分の進路を自分で決めたいと思い始めた頃でもあった。

　事例Ａの場合にも，主訴であった周囲の人との関係性の回復ということからも，内面の混乱を収めて現実へと繋がっていった「橋渡し機能」の効果が認められる。しかしそれだけではなく，まず最初に，Ａさんとセラピストとの間に絵を描くという課題が置かれてＡさんが安心・安定したことに着目せずにはいられない。これもまた，Ａさんがセラピストという外の世界と繋がったことと理解できる。ついには，セラピストを少しばかり内在化して，Ａさんは少し大きくなった内界を表現しつつさらに大きな外界と繋が

っていったと考えられる。これは，最も基本的な橋渡し機能であると同時に，心の成長を促すものであった。

　（この事例は，寺沢（2010）の第8章から転載した）

参考文献

単行本

寺沢英理子（2009）言語化への橋渡しとしてのテーマ画．飯森眞喜雄・伊集院清一編：絵画療法Ⅱ（芸術療法実践講座第2巻）．岩崎学術出版社，pp.51-68.

寺沢英理子（2009）芸術療法を使いこなすクライエント．飯森眞喜雄・伊集院清一編：絵画療法Ⅱ（芸術療法実践講座第2巻）．岩崎学術出版社，pp.127-143.

寺沢英理子（2010）絵画療法の実践―事例を通してみる橋渡し機能．遠見書房.

論文

寺沢英理子・伊集院清一（1992）誘発線法とロールシャッハ・テストとの比較検討の試み．日本芸術療法学会誌，23(1), 5-16.

寺沢英理子・伊集院清一（1994）いわゆる「知覚」の観点からみたロールシャッハテスト，ワルテッグテスト，誘発線法の比較検討の試み．日本芸術療法学会誌，25(1), 75-83.

寺沢英理子・伊集院清一（1995）ワルテッグテストと誘発線

法：芸術療法における新しい試み．日本芸術療法学会誌，26(1), 75-87.

寺沢英理子・伊集院清一（1996）ワルテッグテストと「並列型誘発線法」を用いた再構成法による治療の試み．日本芸術療法学会誌，27(1), 54-61.

寺沢英理子・伊集院清一（1997）「ワルテッグテクニック」および並列型誘発線法を用いた再構成法の枠に関する考察．日本芸術療法学会誌，28(1), 17-28.

寺沢英理子・伊集院清一（1999）摂食障害例に対する絵画療法としての「再構成法」の試み．心理臨床学研究，17(1), 67-79.

寺沢英理子・伊集院清一（2001）「再構成法」における重ね貼りの意味―並列型誘発線法とワルテッグ誘発線法を用いて．心理臨床学研究，19(2), 149-159.

寺沢英理子（2006）絵画療法の橋渡し機能―その逆説性をめぐって．心理臨床学研究，24(2), 153-165.

寺沢英理子（2007）病的な表現と現実との橋渡し―否定性の意識の観点から．心理臨床学研究，25(2), 174-185.

寺沢英理子（2013）誘発線技法の心理療法への適用―Wartegg-Zeichen-Test の改変を紹介しつつ．心理臨床学研究，31(2), 289-300.

寺沢英理子（2014）共視体験に支えられて巣立っていった事例―大学卒業間近の問題解決．日本芸術療法学会誌，43(1), 55-63.

寺沢英理子（2015）復職支援における絵画療法の効用について―遁走様行動を繰り返した事例を提示して．日本芸術療法学会誌，45(1-2), 75-82.

ご案内

誘発線描画法の描画用紙の入手方法

「誘発線描画法」を実際の面接場面で活用するために作られたのが,「誘発線描画法用紙」です(下図)。

ご活用していただければ幸いです。

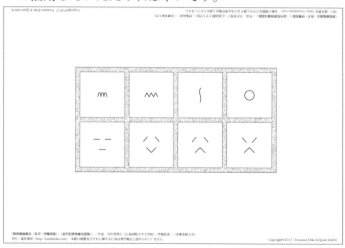

図　並列型誘発線法図版

入手方法

1）用紙のみ

『誘発線法用紙』が 25 枚（付録として「ワルテッグ誘発線法用紙」（8 頁；図 2）も 25 枚ついています）。価格は 2,500 円（税別）です。用紙はともに A4 サイズとなっています。

2）マニュアルのみ

本書マニュアルのみの分売も可能です。価格は 2,000 円（税別）です。

「用紙」の購入方法は，現在のところ，ネット書店 amazon か，遠見書房からの直接販売のどちらかです。

書店さんからの経由での購入を希望される場合は，ご希望の書店さんに問い合わせをしてみてください。

なお，「マニュアル」は，全国の書店さんで購入が可能です。

直接購入をご希望の場合は，請求書および郵便振替用紙を同封し，発送いたします。メール文面には，「お送り先（郵便番号も）」「お名前」「電話番号」「タイトル（マニュアルか用紙かを必ず明記のこと）」「冊数」を明記してください。

ご注文・お問い合わせは，

電子メール（tomi@tomishobo.com）

もしくは，FAX（050-3488-3894）でお願いします。

著者略歴
寺沢英理子（てらさわ えりこ）
1959年札幌生まれ。臨床心理士，芸術療法士，描画療法士，田園調布学園大学人間科学部心理学科・同大学院人間学研究科心理学専攻教授。1988年新潟大学大学院教育学研究科修了。

伊集院清一（いじゅういん・せいいち）
1958年神戸市生まれ。精神科医，臨床心理士，芸術療法士，多摩美術大学大学院美術学部美術研究科教授。1982年東京大学医学部医学科卒業。

誘発線描画法実施マニュアル

2018年 8月20日　第1刷
2023年11月20日　第2刷

著　者　寺沢英理子・伊集院清一
発行人　山内俊介
発行所　遠見書房

〒181-0001 東京都三鷹市井の頭2-28-16
TEL 0422-26-6711　FAX 050-3488-3894
tomi@tomishobo.com　http://tomishobo.com
遠見書房の書店　https://tomishobo.stores.jp

ISBN978-4-86616-048-5　C3011
©Terasawa Eriko & Ijuin Seiichi 2018
Printed in Japan

※心と社会の学術出版　遠見書房の本※

遠見書房

訪問カウンセリング
理論と実践

寺沢英理子編著

不登校やひきこもり，長時間家を離れられない人のため，セラピストがクライアントの家に赴く訪問カウンセリング。その長年の経験をもとに，理論と実践を詰め込んだ1冊！　2,640円，四六並

臨床心理検査バッテリーの実際　改訂版

高橋依子・津川律子編著

乳幼児期から高齢期まで発達に沿った適切なテストバッテリーの考え方・組み方を多彩な事例を挙げて解説。質問紙，投映法など多種多様な心理検査を網羅しフィードバックの考え方と実際も詳述。好評につき大改訂。3,300円，A5並

絵画療法の実践
事例を通してみる橋渡し機能

寺沢英理子著

風景構成法や自由画などの絵画療法と言語療法を用いた10人のクライエント，100点を越える描画を所収（カラー図版あり）。オリジナリティ溢れる絵画療法の世界。3,300円（電子書籍版）

学校におけるトラウマ・インフォームド・ケア
SC・教職員のためのTIC導入に向けたガイド

卜部　明著

ブックレット：子どもの心と学校臨床（9）ベテランSCによる学校のための「トラウマの理解に基づいた支援」導入のための手引。トウラマの理解によって学校臨床が豊かになる。1,870円，A5並

思いこみ・勘ちがい・錯誤の心理学
なぜ犠牲者のほうが非難され，完璧な計画ほどうまくいかないのか

（認知心理学者）杉本　崇著

マンガをマクラに，「公正世界信念」「後知恵バイアス」「賭博者の錯誤」「反実思考」「計画の錯誤」といった誤謬の心理学が学べる入門書。1,980円，四六並

事例検討会で学ぶ
ケース・フォーミュレーション
新たな心理支援の発展に向けて

（東京大学名誉教授）下山晴彦編

下山晴彦，林直樹，伊藤絵美，田中ひな子による自験例に，岡野憲一郎らがコメンテーターの事例検討会。臨床の肝をじっくり解き明かす。3,080円，A5並

みんなの精神分析
その基礎理論と実践の方法を語る

（精神分析家）山﨑　篤著

19世紀の終わりに現れ，既存の人間観を大きく変えた精神分析はロックな存在。日本で一番ロックな精神分析的精神療法家が，精神分析のエッセンスを語った本が生まれました。2,420円，四六並

臨床心理学中事典

（九州大学名誉教授）野島一彦監修

650超の項目，260人超の執筆者，3万超の索引項目からなる臨床心理学と学際領域の中項目主義の用語事典。臨床家必携！（編集：森岡正芳・岡村達也・坂井誠・黒木俊秀・津川律子・遠藤利彦・岩壁茂）7,480円，A5上製

価格は税込です